글 이상미

한양대학교에서 철학을 공부했습니다. '시나브로'
시 동인에서 시 공부를 하고, 시흥문학상 동상을
수상했습니다. 오랫동안 어린이책 만드는 일을
하면서 동화 작가로도 활동하고 있습니다. 그동안
쓴 책으로는 〈니오베의 눈물〉, 〈개구리가 된 리키아의
농부들〉, 〈모두 모두 데굴데굴〉, 〈링컨〉, 〈은이의 사진첩〉
등이 있습니다.

그림 김혜란

대학에서 시각 디자인을 공부했습니다.
지금은 한국출판미술가협회 회원이자, 프리랜서
일러스트레이터로 다양한 활동을 하고 있습니다.
서울 일러스트전에서 특별상을 수상했으며 서울과
광주에서 개인 전시회를 가졌습니다. 그동안 그린 책으로는
〈청개구리〉, 〈복 타러 간 총각〉, 〈달님아, 놀자〉,
〈사랑의 크리스마스〉, 〈미운 아기 오리〉,
〈시골 쥐와 서울 쥐〉, 〈아기 새와 잠수함〉 등이 있습니다.

감수 정진우

서울대학교 지구과학교육과를 졸업하고 미국
조지아대학교에서 과학교육학 박사 학위를 받았습니다.
현재는 한국교원대학교 지구과학교육과 교수이자 학장을
맡고 있습니다. 그동안 쓴 책으로는 〈과학교육론〉,
〈지구과학교육론〉 등이 있습니다.

우주와 지구·달의 변화 **30 달이 나를 따라와요**

이상미 글 · 김혜란 그림 · 정진우 감수
펴낸곳 (주)아람키즈 | 펴낸이 이소영 | 주소 서울특별시 성동구 성수이로 147, 아이에스비즈타워 2F
고객센터 1644-4521 | 팩스 02-468-5548 | 홈페이지 www.aramkids.co.kr | 출판등록 제2020-000011호
기획·편집·디자인 (주)아람키즈 하늘땅
ISBN 979-11-6543-539-4 979-11-6543-574-5(세트)

ⓒ (주)아람키즈
이 책은 저작권법에 따라 보호를 받는 저작물이므로 무단전재와 무단복제를 금합니다.
이 책 내용의 전부 또는 일부를 이용하려면 저작권자의 서면 동의를 받아야 합니다.

• 눈을 편안하게 해 주는 친환경 식물성 원료인 콩기름 잉크로 인쇄하였습니다.
⚠ 책 모서리가 날카로워 다칠 수 있으니 사람을 향해 던지거나 떨어뜨리지 마십시오.
⚠ 종이에 베이거나 긁힐 수 있으므로 주의해 주십시오.

달이 나를 따라와요

이상미 글 · 김혜란 그림 · 정진우 감수

아람키즈

꾸벅꾸벅 꾸벅꾸벅.
"아함, 졸려."
"달이 따라오는지 보고 싶은데……."
토토와 토리는 자꾸자꾸 잠이 쏟아졌어요.

"얘들아, 다 왔다. 어서 일어나렴."
토토와 토리는 창밖을 두리번두리번 내다보았어요.
"그런데 달이 어디 갔지? 기차를 놓쳤나?"

토끼 가족이 기차에서 내렸어요.
"와, 바다다! 어? 달이 저기 있었네."
"저건 **해***란다."
엄마가 방긋 웃으며 말했어요.
"그럼 달은 어디 갔지? 달이 길을 잃었나 봐."
토토와 토리는 걱정이 되었어요.

파도가 들락날락.
토토와 토리도 들락날락.
첨벙첨벙 신나게 놀았어요.
"달도 왔으면 좋았을걸!"

며칠이 지난 밤이었어요.
토끼 가족은 밤바다에 **모닥불***을 피웠어요.
"앗, 달이다!
달이 더 커졌어."
토끼 가족이 달처럼 환하게 웃었어요.

"달이 헤엄쳐서 오려나 봐!"
토리가 달을 가리키자,
토토가 말했지요.
"아니, 달이 뚱뚱해져서 가라앉은 거야.
우리가 달을 건져 주자!"

하지만 아무리 애를 써도
달을 들어 올릴 수가 없었어요.
"어쩌지? 건질 수가 없어."
토토와 토리는 울상이 되었어요.

"얘들아 저기 좀 보거라!"
엄마가 밤하늘을 가리켰어요.
달이 하늘 높이 둥실 떠 있었어요.
"어? 달이 떠올랐네?"
"휴, 다행이다. 달은 혼자서도 잘해."
토토와 토리가 방긋 웃었어요.

이제 집으로 돌아갈 시간이에요.
"달아, 이리 와."
토리가 달을 불러요.
"기차 타고 같이 가자."
토토가 달을 불러요.

"달아, 길 잃어버리지 않게
잘 따라와야 해!"
토토와 토리가 달을 보며 방긋 웃었어요.

토토와 토리는 또 잠이 들었어요.
높게 뜬 밝은 달이
토토와 토리를 환하게 비춰 주었답니다.

지구에서 달까지의 거리를 잴 수 있는 레이저 반사 망원경

🔍 달과 지구는 가까운 사이

지구에서 달까지 우주선을 타고 가면 사흘밖에 걸리지 않아요. 하지만 지구에서 태양까지 가려면 몇 배는 더 오래 걸리고, 태양계에서 가장 가까운 별인 알파 켄타우루스까지 가려면 우주선을 타고 90만 년 이상을 가야 하지요.

달과 지구의 거리

과학자들은 달이 지구에서 얼마나 멀리 떨어져 있는지 알고 싶었어요. 그래서 달까지 레이저 광선을 쏘아 보냈어요. 달에 도착한 레이저 광선은 다시 지구로 돌아오게 되는데 이 시간을 빛의 속도로 계산하면, 달에서 지구까지의 정확한 거리를 알 수 있답니다.
과학자들이 밝혀낸 달과 지구의 거리는 약 38만 4,400킬로미터 라고 해요.

달이 따라오는 것 같아요!

우리 주변에 있는 사물은 거리가 달라지면 크기도 달라 보여요. 멀리 있는 것은 작게, 가까이 있는 것은 크게 보이지요. 그런데 달이나 해처럼 아주 멀리 떨어져 있는 것은 가까워지거나 멀어져도 크기가 달라 보이지 않지요. 그래서 걷거나 차를 타고 갈 때 달이 마치 우리를 뒤따라오는 것처럼 느껴지는 것이랍니다.

달에서 본 지구

과학자들은 탐사 로봇을 달에 보내서 지구의 사진을 찍어 보았어요.
그랬더니 달에서 본 지구의 모습은 하얗고 군데군데 파란색과
노란색이 섞여 있는 공 같았어요.
또 달에서 본 지구는 하루하루 모양이 바뀌었지요.
마치 지구에서 보는 달의 모습이 날마다 다른 것처럼 말이에요.

달에서 본 지구의 변화

달에서는 지구가 자세히 보일까?

지구 위에 떠 있는 인공위성이 찍은 지구의 사진을 보면 어렴풋하게나마 중국의 만리장성이 보여요. 하지만 달에서는 지구에서 만든 어떤 건축물이나 인공 구조물도 볼 수 없었어요.

지구 주위를 도는 달의 모습이 변해요

지구에서 달을 바라볼 때 달이 어떤 곳에 위치하느냐에 따라서 모양이 바뀌어요.
달의 모양이 완전히 한 번 바뀌는 데 걸리는 시간은 약 29일 12시간이에요.

월령 5일
달의 오른쪽이 손톱 모양을 하고 있는 초승달이에요.

월령 7~8일
오른쪽 반달로 변했어요. 이 달을 상현달 이라고 해요.

월령 14일
달의 모양이 점점 둥글게 변하고 있어요.

월령 15일
둥그런 보름달이 되었어요.

월령 22일
왼쪽 반달로 변했어요. 이 달을 하현달 이라고 해요.

월령 28일
달의 왼쪽이 손톱 모양을 하고 있는 그믐 달이 되었어요.

보이저 1호

우주 탐사선

보이저 1호는 우주를 떠돌아다니며 사진을 찍는 탐사선이에요. 우리가 본 목성과 토성 같은 우주 행성의 사진은 보이저 1호처럼 탐사선이 찍어서 지구로 보내 준 것이랍니다.

 **신나는 과학놀이**

문제 다음 중 추석 때 볼 수 있는 달은 어느 것일까요?

①  ②  ③  ④

정답은?

문제 다음 중 달의 이름이 **잘못된** 것을 고르세요.

① 그믐달  ② 하현달  ③ 초승달  ④ 하현달

정답은?

정답: 3, 2